Best-ever-Reihe:

Kataloniens Wunsch nach Unabhängigkeit

Historische Ursachen und zu erwartende Konsequenzen einer Trennung von Spanien

Erstveröffentlichung (in Englisch):

Wolfgang Eibner (2020):

Catalonia's Desire for Independence.

Historical Causes and Realistic Consequences of a Secession from Spain.

In: Estonian Discussions on Economic Policy, Band XXVIII, Nr. 1, Jäneda 2020.

Mein besonderer Dank für die Mitarbeit an diesem Beitrag geht an Franziska Freidel und Isabelle Sitzberger, stud. Mitarbeiterinnen am Fachbereich Wirtschaftsingenieurwesen der EAH Jena, Studiengang E-Commerce.

Inhaltsverzeichnis

Abbildungsverzeichnis

VII

Summary (in englisch)

With Brexit at the latest, economists will be increasingly drawn to a wide range of independence aspirations, especially within EU states.

Using the example of the region in Europe that is currently most insisting on its autonomy – which is undoubtedly Catalonia – the fundamental economic consequences of such an autonomy for society, the economy, and the general sustainability of both, the exit area (Catalonia) and the remaining nation (Spain), are examined. The analysis is limited to purely economic aspects.

In this respect, three questions are analysed and answered:

1. What are the historical and current causes of the strong desire for Catalan independence?

2. What is the economic structure of Catalonia in comparison with that of the state of Spain: is it for economic reasons fact or fake, e.g. due to extremely heterogeneous economic structures, that "Spain lives from Catalonia" and that, from the

Catalan point of view, a detachment from Spain might seem sensible?

To answer this question, a concise examination deals with Catalonia's core economic data compared to that of Spain. In addition to relevant facts of the economic structure, the problem of public debt to be divided between the two actors and the external trade positions of Catalonia and Spain are of particular interest.

3. After all, what would be the economic consequences if Catalonia were to become truly independent of Spain – for Catalonia itself and also for Spain?

The article concludes by taking the results of the analyses into economic consequences for Catalonia and Spain, which are to be expected, and finally gives a recommendation for action to solve this conflict.

1 Untersuchungsgegenstand

1.1 Aktualität

Nicht zuletzt der aktuelle Austritt Großbritanniens aus der Europäischen Union (EU) zum 31. Januar 2020 lenkt den Blick zwangsläufig auf den Wunsch vieler Staaten oder Gebiete nach Rückgewinnung oder Stärkung „nationaler Souveränität".

Dabei ist dieser Problembereich aus europäischer Sicht äußerst vielschichtig.

Zum einen betrifft dieser zunehmende Wunsch nach stärkerer nationaler Unabhängigkeit Staaten innerhalb der EU, die versuchen, ihren nationalen Gestaltungsspielraum wieder deutlich zulasten des europäischen Integrationsdenkens auszuweiten:

- wie vor allem die erst spät der Europäischen Union beigetretenen Staaten Osteuropas, die ihre nationale Identität durch die EU gefährdet sehen, wie insbesondere Polen, Ungarn oder auch Tschechien;

- ebenso aber auch Staaten wie Frankreich und Italien, in denen starke populistische Strömungen immer wieder die Frage nach einem Austritt aus der Europäischen Union stellen – wie die Partei Rassemblement National unter ihrer Vorsitzenden Marine Le Pen in Frankreich – oder zumindest aus der Europäischen Wirtschafts- und Währungsunion (EWWU), also dem Euroraum, wie die „Lega Nord per l'indipendenza della Padania" unter ihrem Vorsitzenden Matteo Salvini, um nur die in der aktuellen Diskussion bedeutendsten zu nennen;

- oder eben als Fanal dieses populistischen Unabhängigkeitsstrebens Großbritannien, das bekanntermaßen mit dem sog. Brexit den Austritt aus der Europäischen Union vollzogen hat.

Zum anderen betrifft dieser Wunsch nach stärkerer nationaler Souveränität auch eine Vielzahl von Regionen Europas – also Gebiete innerhalb eines Staates (nicht nur) der Europäischen Union –, die eine Unabhängigkeit von ihrem bisherigen Staat anstreben, sich also den Austritt aus diesem Staat und die Gründung eines eigenen, d. h. unabhängigen Staates wünschen:

Genannt seien hier exemplarisch als Regionen innerhalb von EU-Staaten insbesondere Katalonien, Flandern, Wallonien und Schottland, die aktuell ihren Unabhängigkeitswunsch nachdrücklich formulieren und einfordern.

In vielen weiteren Regionen von EU-Staaten existiert zumindest eine latente Autonomiediskussion.

Beispiele dafür sind in Spanien das Baskenland und Galicien, in Frankreich Korsika und die Bretagne, in Italien Padanien (Norditalien), Sardinien, Südtirol und Venetien sowie im Vereinigten Königreich Nordirland und Schottland oder auch die Färöer Inseln und Grönland, die allerdings beide schon seitens Dänemarks weitestgehende Selbstverwaltungsrechte als „gleichberechtigte Nationen" innerhalb des dänischen Königreiches zugestanden bekamen inkl. einer Nichtzugehörigkeit zur EU.

Sogar Bayern hatte 1990 in einem internen Papier unter Ministerpräsident Max Streibl im Zuge der Wiedervereinigung den Austritt Bayerns aus dem dann veränderten Bundesgebiet prüfen lassen (Der Spiegel, 1990).

1.2 Zielsetzung der Untersuchung

Diese vielschichtig bedingten Unabhängigkeitsbestrebungen führen zwangsläufig zur Frage, was die Konsequenzen einer Umsetzung dieser Autonomiebestrebungen wären – im Sinne der daraus resultierenden Konsequenzen für Gesellschaft, Wirtschaft und für die generelle Zukunftsfähigkeit sowohl des jeweiligen Austrittsgebietes wie auch der verbleibenden Restnation.

Im folgenden Beitrag wird insofern am Beispiel der aktuell am nachdrücklichsten ihre Autonomie fordernden Region in Europa – was unzweifelhaft Katalonien ist – untersucht, welche grundlegenden ökonomischen Konsequenzen ein solcher Austritt ebendieses Kataloniens aus dem spanischen Staatsgebiet nach sich ziehen würde.

Die Untersuchung beschränkt sich im Folgenden auf rein ökonomische Sachanalysen; weitere Untersuchungen zu gesellschaftlichen, sozialen oder sogar auch ökologischen Konsequenzen (verarmungsbedingte Übernutzung von Ressourcen) sind weiterführenden Studien vorbehalten.

Damit werden im Folgenden drei Fragestellungen untersucht:

1. Welches sind die historischen und aktuellen Ursachen der starken katalanischen Unabhängigkeitsbestrebungen?

Kapitel 2 wird entsprechend mit einer historischen Reminiszenz beginnen, um den Hintergrund des in Katalonien fest verwurzelten Wunsches nach Autonomie greifbarer zu machen. Das katalanische Autonomiestreben geht weit über rein ökonomische Fragestellungen hinaus und wird insofern auch nicht nur unter rein ökonomischen Gesichtspunkten zu diskutieren sein.

Ergänzend wird noch kurz auf den aktuellen Autonomiestatus Kataloniens eingegangen, damit weitergehende Autonomieforderungen in den folgenden Analysen eingeordnet werden können.

2. Wie sieht die Wirtschaftsstruktur Kataloniens im Vergleich zu der des Gesamtstaates Spanien aus: Ist es aus ökonomischen Gründen, z. B. infolge extrem heterogener Wirtschaftsstrukturen, so, dass „Spanien von Katalonien lebt" und dass insofern aus katalanischer Sicht eine Loslösung von Spanien sinnvoll erscheinen könnte?

In Kapitel 3 erfolgt deshalb als Ausgangspunkt der in Kapitel 4 folgenden Analyse von Konsequenzen einer vollständigen staatlichen Unabhängigkeit Kataloniens eine prägnante Betrachtung zentraler ökonomischer Grunddaten Kataloniens im Vergleich zu denen Spaniens.

Von Interesse sind hierbei neben relevanten Fakten der Wirtschaftsstruktur insbesondere das Problem einer zwischen beiden Akteuren aufzuteilenden Staatsverschuldung und die Außenhandelspositionen Kataloniens und Spaniens.

3. Was wären schließlich die ökonomischen Konsequenzen, wenn Katalonien tatsächlich unabhängig von Spanien werden würde – für Katalonien selbst und auch für Spanien?

Zur Beantwortung dieser Frage werden in Kapitel 4 die Ergebnisse der Analysen von Kapitel 3 überführt in hieraus konkret zu erwartende ökonomische Konsequenzen für Katalonien und Spanien.

Der Beitrag schließt in Kapitel 5 mit einem Fazit und einer Handlungsempfehlung auf Basis der Ergebnisse dieser Analysen.

2 Historische Ursachen der aktuellen Autonomiebestrebungen Kataloniens

Um den historisch tief verwurzelten Wunsch vieler Katalanen nach Unabhängigkeit von Spanien zu verstehen, ist ein kurzer Blick in die Geschichte der Beziehungen zwischen Katalonien und Spanien unverzichtbar.

2.1 Der historische Weg zum Verlust nationaler Eigenständigkeit Kataloniens

Die Anfänge der politischen Einheit Kataloniens gehen zurück auf die Zeit nach der Eroberung der Iberischen Halbinsel durch die Mauren 711, als nachfolgend in den nordöstlichen iberischen Grafschaften Karls des Großen eine Sicherheitszone gegen maurische Überfälle gebildet wurde (hierzu und zum Folgenden vgl. z. B. Carlos Collado Seidel, 2007). Insofern treffen schon hier erstmals die späteren katalanischen Gebiete feindlich auf die restlichen Gebiete der Iberischen Halbinsel. Aus dieser Sonderstellung heraus entwickelt sich das katalanische Seereich ab 878.

Die Grafen von Barcelona schließen sich als „Prinzipat Katalonien" 1137 mit Aragonien zur neu gebildeten Staatengemeinschaft „Krone Aragon" zusammen. Katalonien wird zu deren wirtschaftlichem und kulturellem Zentrum und bleibt mit seiner Handelsflotte bis 1469 die bedeutendste Handelsnation des westlichen Mittelmeeres.

Ein zentrales Datum der gemeinsamen Geschichte von Katalonien und Spanien wird das Jahr 1469. In diesem Jahr kommt es zur Heirat der sog. „Katholischen Könige": Ferdinand von Aragón heiratet seine Cousine Isabella von Kastilien, was zur erstmaligen Vereinigung von Kastilien, Aragonien und damit auch Katalonien zum spanischen Zentralstaat führt, damals schon mit Sonderrechten für die wirtschaftlich mächtigen Katalanen.

Eine historisch bedeutende Zäsur ist für Katalonien der Krieg zwischen Spanien und Frankreich von 1635 bis 1659. Im Zuge dieser Wirren sagen sich Portugal und Katalonien 1640 von der sich militärisch im Dreißigjährigen Krieg übernehmenden spanischen Krone los:

Während Portugal bekanntermaßen seitdem seine Unabhängigkeit von Spanien erhalten konnte, eroberte

Spanien in den Folgejahren das sich eng an Frankreich anlehnende Katalonien zurück.

„Wie wir die goldenen Ähren fallen lassen, zersägen wir auch Ketten, wenn die Zeit gekommen ist" singen noch heute die Katalanen in ihrer Nationalhymne *„Els Segadors"* („Die Schnitter") in Erinnerung an diese kurze Zeit der letztmaligen Wiedererlangung ihrer Souveränität infolge des Bauernaufstandes der Schnitter 1640 (vgl. „Els Segadors", Video mit deutschen Lyrics).

Die Rückeroberung Kataloniens bis 1652 war aber der letzte relevante Erfolg der Spanier im Krieg mit Frankreich: Der spanische König Philipp IV. akzeptiert 1659 im sog. „Pyrenäenvertrag" die Pyrenäen als (bis heute gültige) Grenze zwischen Spanien und Frankreich, womit Katalonien die nördlich der Pyrenäen gelegenen Staatsgebiete (das heutige Département Pyrénées-Orientales) verliert.

Die historisch wichtigste und bis heute die katalanische Erinnerung prägende große Zäsur zulasten Kataloniens ergab sich aus dem Spanischen Erbfolgekrieg von 1701 bis 1714: Katalonien unterstützte den Habsburger Thronprätendenten Erzherzog Karl gegen den Bourbonen Philipp von Anjou, der sich aber schließlich durchsetzen konnte:

Am 11. September 1714 erobert nach 14-monatiger leidvoller Belagerung ein spanisch-französisches Heer der Bourbonen Barcelona. Damit ist der Spanische Erbfolgekrieg entschieden. Die Besatzer zerstören große Teile Barcelonas; Katalonien verliert im neuen Einheitsstaat alle seit 1469 bestehenden Sonderrechte und das zentralstaatliche Kastilisch ersetzt erstmals offiziell die eigene Sprache Katalanisch als Amtssprache. Dieser Tag der Niederlage vom 11. September 1714 ist seit Ende der Franco-Zeit katalanischer Nationalfeiertag und immer wieder ein zentraler Tag des Widerstandes gegen den spanischen Staat.

2.2   Der spanische Bürgerkrieg als zentrale Ursache katalanischer Unabhängigkeitsbestrebung

Während all die oben geschilderten Niederlagen und gefühlten Demütigungen Kataloniens letztlich lang vergangene Geschichte sind, prägt aber bis heute ein anderes Ereignis ganz maßgeblich den Widerstand vieler Katalanen gegen Spanien: der Spanische Bürgerkrieg von 1936 bis 1939 – auch aufgrund aus dieser Zeit noch lebender Katalanen.

Am 19. Juli 1936 putschen Generäle unter Führung von Francisco Franco und Emilio Mola y Vidal gegen die demokratisch gewählte Regierung der Zweiten Spanischen Republik.

Dieser Putsch führt zu einem langen Bürgerkrieg, der z. B. auch von Pablo Picasso in seinem Bild Guernica (Rudolf Arnheim, 1962/2006/2014) oder in vielen Werken der Weltliteratur wie von George Orwell (Mein Katalonien), André Malraux (Die Hoffnung) oder Ernest Hemingway (Wem die Stunde schlägt) als äußerst grauenhaft geschildert wurde (vgl. hierzu auch z. B. Carlos Collado Seidel, 2010).

Dies nicht zuletzt wohl, weil er sich zu einem Stellvertreterkrieg zwischen den faschistischen Staaten Deutschland unter Hitler und Italien unter Mussolini auf der einen Seite entwickelt, die General Franco unterstützen, und der Sowjetunion unter Stalin auf der anderen Seite, der die linke Republik unterstützt, die zudem aber auch länderübergreifend von europäischen Intellektuellen nachhaltig mit Freiwilligen gestützt wird.

In diesem Krieg leistet Katalonien auf Seiten der Republik entschieden Widerstand gegen die Faschisten. Bekanntermaßen entscheidet General Franco den Bürgerkrieg für sich:

Für Katalonien verheerend ausgerechnet mit dem Fall Barcelonas als einer der letzten Bastionen der Republik am 26. Januar 1939; am 10. Februar war ganz Katalonien besetzt. (Vgl. als eines der umfassendsten Werke zum Spanischen Bürgerkrieg: Antony Beevor, 2006.)

In der darauf folgenden sog. „Blauen Periode", den ersten fünf Jahren des Franco-Faschismus, leiden insbesondere auch die Katalanen als langjährige Unterstützer der Republik und zeitweise sogar linksanarchistischer Gegenpol unter massiven gewalttätigen „Säuberungen" im Sinne von allgemeiner Repression und Folter.

Hunderttausende Hinrichtungen und bis heute unzählige ungekennzeichnete Massengräber sind die Folge. Kinder von Republikanern werden von ihren Eltern getrennt und in katholische Obhut gegeben:

Die aktuelle Forschung spricht von 30.000 solcher Fälle politisch motivierter Kindesentziehung (vgl. hierzu und zum Folgenden: Carme Molinero et al., 2003), was auch zur Folge hat, dass viele Katalanen bis heute nicht nur dem spanischen Zentralstaat, sondern auch der spanischen Kirche feindlich gegenüberstehen.

Die Zahl der politischen Häftlinge nach dem Bürgerkrieg wird auf über 1,5 Millionen geschätzt. Zudem wurden mit nationalsozialistischer Unterstützung in Konzentrationslagern an politischen Häftlingen Studien vorgenommen, die deren marxistische Anschauungen als Folge angeblicher geistiger und rassenbiologischer Minderwertigkeit belegen sollten.

Katalanische Presse und Publikationen sowie die katalanische Fahne und Hymne wurden verboten, Städte- und Straßennamen wurden hispanisiert. Erneut nach 1714 wurde Kastilisch zur offiziellen Sprache und Katalanisch vollständig verboten.

All dies verdeutlicht, dass das katalanische Autonomiestreben historisch und sozial tief verwurzelt ist und insofern letztlich nicht auf den in der aktuellen Diskussion oftmals als zentral angenommenen ökonomischen Argumenten beruht.

2.3 Zum aktuellen Autonomiestatus von Katalonien

Mit dem Tod von Generalissimus Franco 1975 begann eine mehrjährige Übergangsphase, als deren wichtigste Stufen insbesondere die Legalisierung von Parteien im Zuge der großen Strafrechtsreform von 1976 und die Annahme der neuen Verfassung durch die spanische Bevölkerung 1978 mit 88%iger Mehrheit zu nennen sind.

Aus den Cortes, die zuvor ein Ständeparlament gewesen waren, wurde ein allgemein, frei, gleich und geheim gewähltes Zweikammerparlament.

Zudem wurde in der Verfassung erstmals seit der Republik wieder das Frauenwahlrecht verankert, das während des Franco-Regimes nicht hatte ausgeübt werden können, und der spanische Staat wurde deutlich föderaler organisiert.

Spanien ist jetzt in 17 autonome Gemeinschaften untergliedert, die eigene Regionalparlamente und –regierungen haben. Allerdings verbindet die spanische Verfassung von 1978 in Artikel 2 das Recht auf Autonomie mit dem Prinzip der „unauflöslichen" Einheit der Nation, so dass eine Autonomie von Regionen im Sinne einer Loslösung vom spanischen Staat explizit ausgeschlossen ist.

Viele Kompetenzen sind gemäß Artikel 149 der Verfassung weiterhin exklusiv dem Zentralstaat vorbehalten, wie neben der inneren und äußeren Sicherheit insbesondere die Bereiche Justiz und Finanzpolitik, aber auch Infrastrukturinvestitionen. Vor allem im Bereich Finanzpolitik entzündet sich der Autonomiestreit zwischen Katalonien und der spanischen Zentralregierung:

Da letztlich die Zentralregierung über die Gesamteinnahmen bzw. deren Verteilung über passive oder aktive Finanzausgleichsmaßnahmen bestimmt – anders als z. B. in Deutschland, das auch über ein föderales Finanzsystem mit eigenständigem Finanzausgleich verfügt –, fühlt sich insbesondere Katalonien als Nettozahler finanziell stark benachteiligt.

Gestritten wird in diesem Zusammenhang auch über aus katalanischer Sicht zu geringe Infrastrukturinvestitionen seitens der Zentralregierung in Katalonien.

Zudem obliegt der Zentralregierung die vollständige Verwaltungshoheit, wobei dies bedeutet, dass jegliche Änderungen der Verwaltungsstrukturen – und damit explizit auch der Autonomiestatuten inkl. der Finanztransfers – nur über den Zentralstaat erfolgen können.

Die von der Verfassung gewährte Selbstverwaltung innerhalb der jeweiligen Autonomiestatuten räumt den 17 Comunidades Autónomas weitreichende Kompetenzen ein, insbesondere in den Bereichen Gesundheitswesen, Kultur und Bildungspolitik – was z. B. auch die Sprachautonomie in Katalonien beinhaltet.

Generell können entsprechend den geltenden Autonomiestatuten über spezielle Autonomierechte verschiedenste Aufgaben außer vom Zentralstaat auch von den Regionen gesteuert werden: So verfügt Katalonien z. B. über eine eigene Polizei, die Mossos d'Esquadra.

Gemäß Artikel 147 der Verfassung stellen die Autonomiestatute die Grundordnungen der jeweiligen autonomen Gemeinschaften dar, die diese ausfüllen können oder auch nicht. Festgehalten werden kann, dass es den Regionen in Spanien aber seit 1978 immer stärker gelungen ist, ihre Kompetenzen in diesem Rahmen zu erweitern.

Ein wichtiger Aspekt der Autonomie sind auch die jeweiligen Wahlen zu den Regionalparlamenten. So werden in Katalonien 135 Sitze im Regionalparlament alle vier Jahre in direkten, allgemeinen Wahlen vergeben.

Die Zuteilung der Mandate erfolgt im d'hondtschen Verfahren allein auf Ebene der Wahlkreise. Es können zudem nur Parteien ins Parlament einziehen, die im jeweiligen Wahlkreis mindestens 3 % der Stimmen erreicht haben.

Die für Katalonien aktuell relevanten Parteien teilen sich letztlich in drei Gruppierungen auf, wobei seit den Regionalwahlen 2015 und 2017 die Unabhängigkeitsbefürworter inkl. CeC-Podem die Mehrheit stellen:

3 Parteien, die nachdrücklich eine Unabhängigkeit Kataloniens fordern:

- ERC (Esquerra Republicana de Catalunya):
  linksrepublikanische Regionalpartei

- CUP (Candidatura d'Unitat Popular):
  linksseparatistisch, neomarxistisch

- JxCat (Junts per Catalunya):
  katalanische Separatisten, Partei des entmachteten liberalkonservativen ehemaligen Regionalchefs Carles Puigdemont

1 Partei, die eine Unabhängigkeit nur bei positivem Referendum befürworten würde:

- CeC-Podem (Catalunya en Comú-Podem):

linkes, selbstverwaltendes Wahlbündnis von Catalunya en Comú und Podem

3 Parteien, die strikt gegen eine Unabhängigkeit sind:

- Ciutadans: liberale Bürgerpartei

- PP (Partido Popular):
  konservative Volkspartei (Partei des vormaligen spanischen Ministerpräsidenten Rajoy)

- PSC (Partit dels Socialistes de Catalunya):
  katalanische Sozialisten

Auch wenn Spanien kein so weitgefächertes föderales System besitzt, wie z. B. Deutschland, in dem ohne Zustimmung der Regionen viele Regelungen nicht veränderbar sind (was aber ebenfalls im internationalen Vergleich absoluten Seltenheitswert hat), kann in Spanien durchaus von einem funktionierenden System zur Förderung und Belebung föderaler Strukturen gesprochen werden – theoretisch.

Einen großen Rückschlag erfuhr der Föderalismusgedanke in Spanien im Jahr 2010, nachdem insbesondere ab 2006 über eine Reform der Autonomiestatuten mehr Rechte und Gestaltungsmöglichkeiten in die Regionen gegeben werden sollten.

Der seinerzeitige sozialistische Ministerpräsident Zapatero vereinbarte mit Katalonien 2006 ein neues, deutlich föderaleres Autonomiestatut, das dann vom spanischen und katalanischen Parlament angenommen und als neues „Grundgesetz" auch per Volksentscheid von den Katalanen angenommen wurde.

Diese Entspannung im Verhältnis zwischen Katalonien und Zentralstaat wurde jedoch von der rechtskonservativen Partido Popular ins Gegenteil verkehrt, als diese Klage gegen dieses aus ihrer Sicht zu weit reichende Autonomieabkommen vor dem spanischen Verfassungsgericht erhob.

In der Tat entschied das Verfassungsgericht, dass Teile dieses Autonomiestatuts als verfassungswidrig anzusehen seien, insbesondere wurde die Bezeichnung Kataloniens als „Nation" in Artikel 1 des Statuts annulliert (vgl. den Autonomiestatus von 2009: Parlament de Catalunya, 2009).

Daraufhin entstanden die neueren, massiven Differenzen zwischen Katalonien und dem Zentralstaat, die durch den spanischen Ministerpräsidenten Mariano Rajoy Brey aufgrund der unnachgiebigen Haltung seiner Regierung weiter verstärkt wurden.

Infolgedessen eskalierte die Unabhängigkeitsdiskussion in Katalonien und führte am 1. Oktober 2017 zum Referendum zur Unabhängigkeit Kataloniens, bei dem 90 % der an der Abstimmung teilnehmenden Katalanen (ca. 40 % der Wahlberechtigten) für die Abspaltung und Unabhängigkeit von Spanien votierten (vgl. u. a. NZZ, 2017).

Dieses Referendum wurde von der Zentralregierung unter Ministerpräsident Rajoy auf Basis von Artikel 2 der spanischen Verfassung als verfassungswidrig eingestuft und der gesamte Prozess der Autonomiebestrebungen kriminalisiert, was dann in der kurzfristig vollständigen Suspendierung der Autonomie Kataloniens am 17. Oktober 2017 durch die Zentralregierung gipfelte.

Nach dem unerwarteten Sturz Rajoys durch die Wahl des neuen, sozialistischen Ministerpräsidenten Pedro Sánchez am 1. Juni 2018 zeichnete sich zunächst eine leichte Entspannung in den Beziehungen zwischen Katalonien und der Zentralregierung ab.

Durch die mittlerweile verhängten sehr hohen Haftstrafen von bis zu 13 Jahren gegen die Initiatoren des Referendums seitens des Obersten Gerichtshofes (vgl. u. a. Julia Macher, 2019) wird die Auseinandersetzung zwischen Zentralregierung und Katalonien aber erneut angeheizt und die Unabhängigkeitsbestrebung weiter nachhaltig befeuert.

3 Zentrale ökonomische Grunddaten von Katalonien und Spanien im Vergleich

Nach diesen Ausführungen zum historisch tief verankerten und aktuell politisch massiv befeuerten Unabhängigkeitsstreben der Katalanen sowie dem groben Überblick über die gegebenen Autonomiestrukturen wird nun im Folgenden untersucht, inwieweit die ökonomischen Rahmenbedingungen eine Unabhängigkeit Kataloniens stützen bzw. nachvollziehbar erscheinen lassen.

3.1 Wirtschaftskraft und Wirtschaftsstruktur von Katalonien und Spanien im Vergleich

Ein recht simples Argument von Unabhängigkeitsbefürwortern ist oft die Aussage, dass Katalonien für 20 % der spanischen Wirtschaftskraft stehe und damit Spanien quasi abhängig von Katalonien sei. Dieses auf einer in der ökonomischen Analyse eher wenig sinnvollen Betrachtung absoluter Zahlen basierende Argument kann direkt beiseitegeschoben werden:

Katalonien hatte Anfang 2019 mit 7,6 Mio. Einwohnern (bei im Übrigen hiervon nur 62 % tatsächlich auch in Katalonien geborenen Einwohnern!) in Relation zu insgesamt 47 Mio. Spaniern ungefähr einen Anteil von 16 % an der Population von Spanien (alle Angaben von Eurostat) – damit sind die tatsächlichen 19 % Wirtschaftsleistung Kataloniens am Gesamtwert Spaniens kein relevantes Argument für eine Sezession.

Auch in Bezug auf die Attraktivität für ausländische Direktinvestitionen kann sich Katalonien nicht positiv von Spanien abheben: 17 % der ausländischen Direktinvestitionen gehen nach Katalonien, das entspricht nicht ganz dem Anteil der katalanischen Wirtschaft an der Spaniens.

Ein weiteres nicht wirklich stichhaltiges Argument für die angeblich überproportionale Stärke Kataloniens ist der Vergleich des absoluten BIP pro Kopf Kataloniens im Vergleich zu dem Spaniens:
In der Tat liegt das katalanische BIP mit rund 31.000 Euro deutlich über dem Spaniens von „nur" 26.000 Euro (alle Angaben von Eurostat).

Betrachtet man aber zum einen, dass es sich hierbei um ein rein arithmetisches Mittel der Wertschöpfung aus unselbständiger Arbeit ebenso wie aus unternehmerischer Tätigkeit und aus Vermögen handelt, so wird klar, dass z. B. allein durch die Ansiedlung großer Unternehmen oder Banken in einer Region das „Pro-Kopf-Einkommen" statistisch – ohne den Bürger wirklich zu betreffen – ansteigen kann.

Zudem verdienen Unternehmen oder Banken ihr Geld nicht zwingend in der Region und können diese auch kurzfristig wieder verlassen – z. B. bei der Loslösung einer Region vom Gesamtstaat – vgl. hierzu noch Kapitel 4.1.4.

Ein weiterer Aspekt zur Relativierung von BIP-pro-Kopf-Vergleichen ist der fehlende Bezug zum Preisniveau: So kann es durchaus sein, dass ein höheres Einkommen in Katalonien preisbedingt weniger Kaufkraft hat als ein geringeres Einkommen in Andalusien.

Zielführender ist die Betrachtung relativer Kennzahlen, auf denen die nachfolgenden Darstellungen beruhen.

Ein zentrales Argument vieler Anhänger katalanischer Unabhängigkeitsbestrebungen liegt in der Aussage, dass Katalonien wirtschaftlich viel stärker und industrialisierter sei als das „Agrarland" Spanien und insofern finanziell über den Finanzausgleich als Nettozahler in viel zu starkem Maße zur Kasse gebeten werde (vgl. z. B. Marc Engelhardt, 2015, S. 29).

Schon ein erster Blick auf die Verteilung der jeweiligen Wirtschaftsleistung auf die Sektoren Landwirtschaft, Industrie und Dienstleistungen macht deutlich, dass die o. g. Aussage nicht realitätsnah ist:

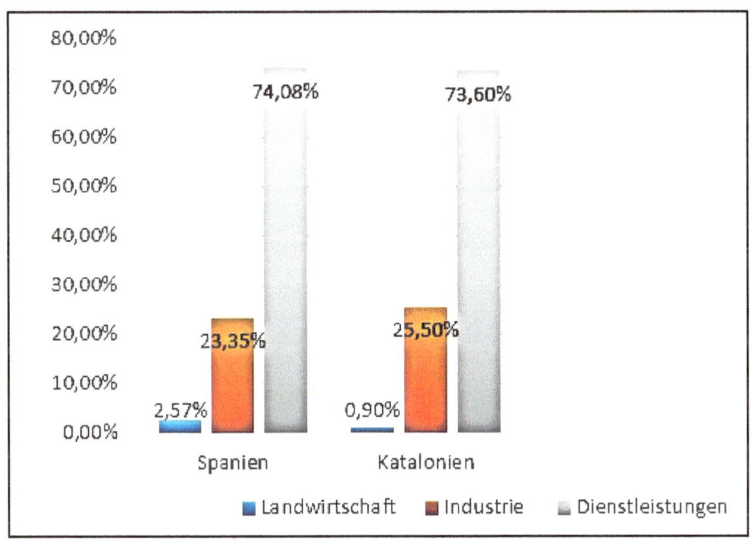

Abbildung 1: Verteilung der Wirtschaftskraft jeweils Gesamtspaniens und Kataloniens auf die Sektoren Landwirtschaft, Industrie und Dienstleistungen 2016 (vgl. Statista, 2018a; European Commission, 2018)

Abbildung 1 zeigt, dass die Wirtschaftskraft letztlich recht homogen verteilt ist:

In beiden betrachteten Gebieten liegt die Industrieproduktion bei ca. 25 % der Gesamtleistung (in Katalonien 2 % höher als in Spanien) und der Anteil der Dienstleistungen bei etwas unter 75 % (in Katalonien fällt der Anteil trotz relevantem Tourismussektor sogar etwas geringer aus als im Gesamtstaat Spanien).

Diese relativ homogene ökonomische Grundsituation wird auch bestätigt, wenn anstelle der jeweiligen sektoralen Wirtschaftskraft die Beschäftigungsstruktur verglichen wird.

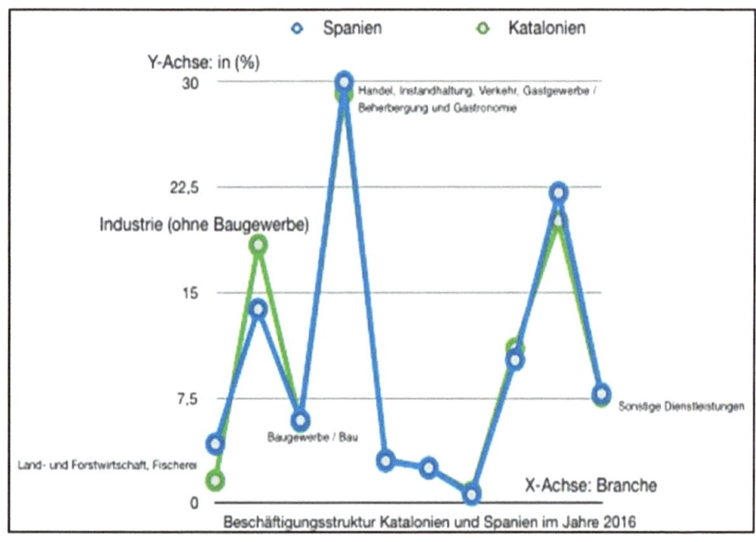

Abbildung 2: Beschäftigungsstruktur jeweils Kataloniens und Gesamtspaniens in verschiedenen Wirtschaftssektoren 2016 (vgl. Eurostat, 2019)

Abbildung 2 zeigt überdeutlich, dass zwischen Katalonien und Spanien eine extrem homogene Beschäftigungsstruktur über alle betrachteten Branchen hinweg gegeben ist.

Damit kann als erstes Ergebnis festgehalten werden, dass es nicht richtig ist, von sehr unterschiedlichen wirtschaftlichen Strukturen zwischen Katalonien und dem Gesamtstaat Spanien zu sprechen; keinesfalls kann Spanien als „Agrarstaat" bezeichnet werden.

Abschließend gibt Abbildung 3 noch einen Überblick über die reale Bruttowertschöpfung Kataloniens im Vergleich zu der Spaniens und der der stärksten Region Madrid.

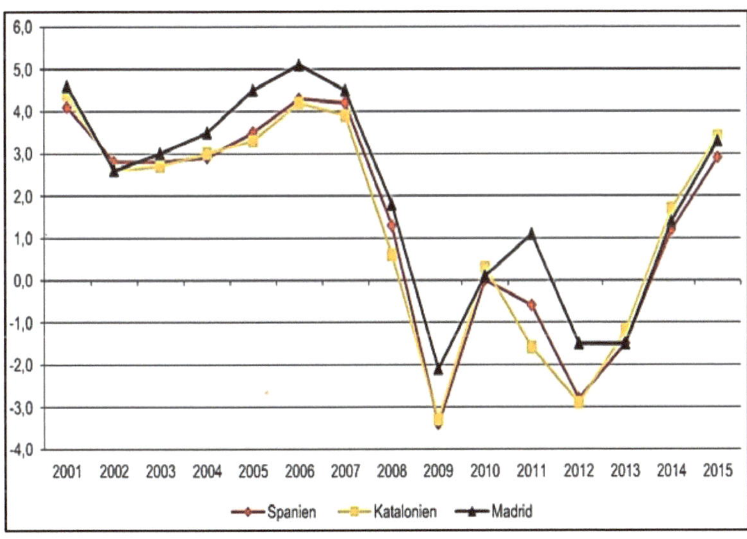

Abbildung 3:   Reale Bruttowertschöpfung Kataloniens verglichen mit dem spanischen Gesamtstaat und
der Region Madrid 2016 (vgl. Klaus Schrader / Claus-Friedrich Laaser, 2017, S. 11)

Als Fazit eines ersten ökonomischen Vergleiches Kataloniens mit dem Gesamtstaat in Bezug auf Aspekte der Wirtschaftsstruktur und der Wertschöpfung kann festgehalten werden, dass die Aussage vieler Anhänger einer Unabhängigkeit Kataloniens keineswegs zutreffend ist, dass Katalonien im Vergleich zu Spanien eine viel heterogenere Wirtschaftsstruktur habe und „Spanien von Katalonien lebt".

Ganz im Gegenteil handelt es sich um überraschend homogen aufgestellte Wirtschaftsgebiete mit insbesondere sehr homogenem Wirtschaftswachstum.

Vor allem wenn man bedenkt, dass regionale Unterschiede in jedem Land und auch innerhalb jeder Region unvermeidbar sind, allein schon aus geographischen und klimatischen Gründen etc., sowie von einer Vielzahl weiterer Standortfaktoren abhängen.

3.2 Das Problem der Staatsverschuldung

Ein Aspekt, der in vielen Austrittsszenarien völlig unterschätzt oder gar vergessen wird, ist die Frage nach der Aufteilung bestehender Staatsschulden im Falle einer Sezession.

Abbildung 4 gibt einen Überblick über die Staatsverschuldung Spaniens, die 2017 mit knapp 99 % des BIP
einer Pro-Kopf-Verschuldung jedes Spaniers von über
26.000 Euro entsprach.

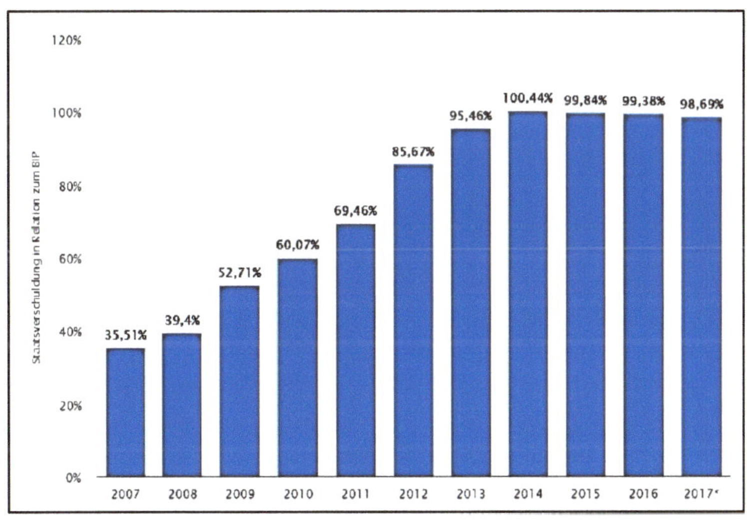

Abbildung 4:   Staatsverschuldung Spaniens 2007 bis 2017
(Statista, 2018b)

Zusätzlich zu dieser Pro-Kopf-Verschuldung des Zentralstaates, die logischerweise auch auf die Katalanen
entfällt, hat auch Katalonien eine eigene regionale
Schuldenlast von über 11.000 Euro pro Kopf bis Ende
2017 angehäuft, entsprechend nochmals rund 35 % des
katalanischen BIP.

Katalonien ist damit trotz oder aufgrund der empfun-
denen Wirtschaftsstärke die höchstverschuldete Region

in Spanien; verschuldet ist Katalonien bei Banken, Kapitalmärkten und mit 10 Mrd. Euro auch direkt beim spanischen Staat (Florian Neumann, 2017).

Die Erkenntnis hieraus ist, dass Katalonien bei einer Sezession von Spanien zusätzlich zu der bestehenden eigenen Verschuldung auch noch seinen Teil der Schulden des Gesamtstaates übernehmen und insofern Spanien entsprechend entlasten müsste.

Die zentrale Frage ist nun, wie würde eine solche Schuldenübertragung aussehen bzw. konkret:

Welcher Betrag würde Katalonien zugerechnet werden?

Als Antwort hierauf können zwei sinnvolle Szenarien zur Anwendung eines Verteilungsschlüssels genannt werden:

1. Szenario:

Der Verteilungsschlüssel wird in Anlehnung an die Wirtschaftsstärke (BIP) festgelegt und läge dann bei knapp 5 : 1, entsprechend müsste Katalonien 19 % der spanischen Gesamtschulden übernehmen.

2. Szenario:

Der Verteilungsschlüssel wird proportional zur Einwohnerzahl definiert und läge dann bei ca. 6,2 : 1, womit 16 % der Schulden des Zentralstaates zulasten Katalonies gingen.

Damit erhöht sich die Schuldenlast Kataloniens im Falle eines Austritts aus dem spanischen Zentralstaat um ca. 235 % bis 280 %, d. h. um knapp 100 % des katalanischen BIP.

Die daraus resultierenden Folgen werden in Kapitel 4.1.3 diskutiert.

3.3 Außenhandel

Eine weitere zentrale ökonomische Größe ist der Außenhandel. Abbildung 5 stellt die jeweiligen Exporte und Importe Spaniens und Kataloniens in Relation zu deren BIP gegenüber:

In Abbildung 5 tritt erstmals ein in der Tat struktureller Unterschied zwischen der Ökonomie Kataloniens und der Spaniens deutlich zu Tage: Katalonien ist wesentlich außenhandelsorientierter als Spanien in Relation zur Wirtschaftsleistung.

Zudem weist Katalonien einen etwas höheren Exportüberschuss in Relation zu den Importen auf:

In Spanien liegen die Exportleistungen 10 % über den Importen, in Katalonien 18 %.

Schaut man sich den Außenbeitrag in Relation zum BIP an, so liegt dieser bei Spanien bei 3 % und in Katalonien bei 5,8 %.

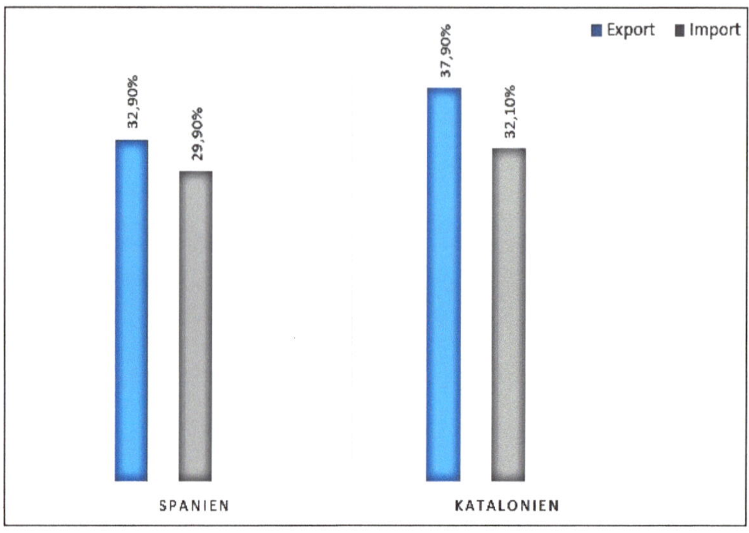

Abbildung 5: Export- und Importquoten Spaniens und Kataloniens 2017 (Eurostat, eigene Berechnung)

Allerdings sind dies keine Erkenntnisse, aus denen ein positives Argument für die Sinnhaftigkeit eines Austritts aus Spanien ableitbar wäre – eher im Gegenteil, wie in Kapitel 4.1 deutlich wird.

4 Ökonomische Konsequenzen einer staatlichen Autonomie Kataloniens

Die bisherigen Ausführungen in den Kapiteln 2 und 3 haben deutlich gemacht,

- dass es ein tief verwurzeltes historisch basiertes Unabhängigkeitsstreben der Katalanen gibt und

- dass aktuell infolge konfrontativen Verhaltens zwischen den beiden Akteuren Spanien und Katalonien diese Unabhängigkeitsdiskussion weiter angefacht wird.

- Es ist zudem nicht so, dass zwingende ökonomische Gründe für eine Abkehr Kataloniens von Spanien ersichtlich sind.

Im Folgenden werden nun mögliche ökonomische Konsequenzen einer Sezession für beide Beteiligte untersucht.

4.1 Konsequenzen für Katalonien

Es ist nicht möglich, in diesem kurzen Beitrag eine umfassende Analyse möglicher ökonomischer Konsequenzen einer Unabhängigkeit Kataloniens zu bieten.

Insofern beschränken sich die folgenden Ausführungen auf sechs Aspekte, die als besonders evident erachtet werden:

- Verlust der EU-Mitgliedschaft
- Verlust des Euro
- Anstieg der Verschuldung
- Rückgang der Steuereinnahmen
- Steigende ökonomische und politische Kosten
- Politische und gesellschaftliche Destabilisierung

4.1.1 Verlust der EU-Mitgliedschaft

Der wohl zentralste und wichtigste Punkt in allen Überlegungen zu den Folgen einer Unabhängigkeit Kataloniens ist die Frage nach der weiteren Mitgliedschaft in der Europäischen Union. Sehen wir zunächst von währungspolitischen Auswirkungen ab, die im folgenden Punkt diskutiert werden, so ist offensichtlich, dass ein Verlust der EU-Mitgliedschaft in Konsequenz einer Autonomie einen übergroßen Anteil des Handels und der Exporte Kataloniens durch den Wegfall des Binnenmarktes mit der EU massiv treffen würde:

Kataloniens Exporte gehen zu rund 67 % in die EU, bei den Importen kommen rund 62 % aus der EU. Damit wäre Katalonien bei einem „Exit" handelspolitisch deutlich stärker betroffen als z. B. das Vereinigte Königreich infolge des Brexits.

Hinzu kommt, dass nach einer Autonomie logischerweise auch der gesamte „innerspanische Handel" Kataloniens zu grenzüberschreitendem Handel wird: bei feindseliger Trennung sicher lange ohne Freihandelsabkommen oder sonstige Zollerleichterungen.

Konkret bedeutet das:

„Bei einem gesamten katalanischen Produktionswert im Jahr 2016 von 135,4 Mrd. Euro belaufen sich die regionsinternen Lieferungen lediglich auf 23,2 % dieser Summe [...]. Daher müsste man im Umkehrschluss befürchten, dass die interregionalen Lieferungen (28,7 % des Produktionswerts) und die Exporte (48,1 %) – insgesamt also mehr als drei Viertel der katalanischen Produktion – zwar nicht völlig zusammenbrechen, aber doch von spürbaren Einschränkungen betroffen wären."

(Klaus Schrader / Claus-Friedrich Laaser, 2017, S. 15.)

Erschwerend kommt hinzu, dass Katalonien auch sofort von der Mitgliedschaft in allen von der EU mit bislang über 100 Ländern geschlossenen diversen Zollunionen, Freihandelsabkommen und Wirtschaftspartnerschaftsabkommen (vgl. European Commission, 2020) ausgeschlossen wäre.

Ein Verlust des zollfreien oder zollpräferierten Handels mit nahezu allen relevanten Handelspartnern ist für ein relativ kleines Land noch schwerer ökonomisch kompensierbar als für große Länder: Die Verhandlungsmacht für den Abschluss eigener attraktiver Freihandelsabkommen kann als sehr gering eingestuft werden.

Neben den Handelsaspekten haben aber auch die anderen Grundfreiheiten des EU-Binnenmarktes (AEUV, 2020, Kapitel 3) eine große Bedeutung für den ökonomischen Erfolg eines Landes:

So würde Katalonien mit dem Verlust der Rechte aus dem Binnenmarkt neben dem freien Warenverkehr auch die Dienstleistungsfreiheit, die Freizügigkeit im Personenverkehr und den freien Kapitalverkehr verlieren. Damit würden so selbstverständliche Dinge im Leben der Bürger wie etwa Niederlassungsfreiheit, grenzüberschreitende Geldtransaktionen, Bargeldtransfer, Erwerb von Dingen, Rechten, Unternehmen etc.

Beschränkungen unterliegen, genauso wie Transaktionen bei Devisengeschäften, Aktienhandel usw.

Dieses Szenario ist aber unvermeidbar bei einer Sezession von Spanien: Eine weitere Mitgliedschaft in der Europäischen Union ist auf Basis der 2004 vom damaligen EU-Kommissionspräsidenten Romano Prodi definierten sog. „Prodi-Doktrin" (gemünzt seinerzeit auf Padanien) nicht möglich:

Ein Gebiet, das sich von einem EU-Mitgliedstaat abspalte und unabhängig werde, sei fortan ein Drittstaat, auf den die Europäischen Verträge keine Anwendung finden. Diese Position wurde auch vom EU-Kommissionspräsidenten Jean-Claude Juncker auf dem Höhepunkt der Autonomiekrise im September 2017 nochmals bekräftigt:

Ein neuer Staat müsste die EU-Mitgliedschaft neu beantragen und die vollständigen Beitrittsverhandlungsprozesse durchlaufen (Reuters, 2017; Eric Bonse, 2018).

Auf Basis von Art. 4 III EUV steht die EU auf der Seite von Spanien, da die EU und die Staaten der EU untereinander zu einer loyalen Zusammenarbeit verpflichtet sind; damit ist seitens der EU oder anderer

Mitgliedstaaten die Unterstützung einer Sezession gegen den Willen des betroffenen Staates undenkbar.

Die Überlegung, nach Erlangung der Autonomie dann schnell die Aufnahme in die EU zu beantragen, stellt sich eher nicht: Eine Aufnahme neuer Mitglieder ist gemäß Art. 49 Abs. 1 EUV nur bei einstimmigem Beschluss des Europäischen Rates (bei Zustimmung des EU-Parlamentes) möglich – es ist offensichtlich, dass Spanien einer solchen Aufnahme nicht zustimmen würde.

In einem solchen Szenario würden sich auch Unternehmen sehr genau überlegen, ob sie den Standort Katalonien dann beibehalten oder Sitz und Produktion wieder in ein EU-Gebiet verlagern, wobei es in diesem Fall reichen würde, auf die spanische Seite der Grenze zu Katalonien zu wechseln.

Ebenso wird dies weitere Direktinvestitionen ausländischer Unternehmen nach Katalonien nicht fördern bzw. verringern.

4.1.2 Verlust des Euro

Neben diesen handelspolitischen Aspekten des Verlustes einer EU-Mitgliedschaft ist zusätzlich auch noch der damit einhergehende Verlust der Währung verbunden. Der Euro kann nur in Mitgliedstaaten der EWWU als offizielles Zahlungsmittel Verwendung finden.

Damit stünde Katalonien nicht nur vor der Notwendigkeit, eine eigene Zentralbank aufzubauen und eine neue Währung einzuführen; es stellt sich auch die Frage nach der Werthaltigkeit einer solchen neuen Währung, die auf den Finanzmärkten noch keinerlei Vertrauen genießt.

Eine Abwertung und damit eine evtl. relevante Verteuerung der Importe wären wahrscheinlich. Der hieraus ebenfalls resultierende eher positive Effekt einer Verbilligung von Exporten würde aufgrund der o. g. deutlich verschlechterten Exportmöglichkeiten unterzugewichten sein, evtl. sogar völlig entfallen. Die sich aus einem solchen Abwertungsdruck sehr wahrscheinlich ergebenden Zinsanstiege würden die katalanische Ökonomie weiter belasten.

Ein Problem infolge des Verlustes der Mitgliedschaft in der Europäischen Währungsunion wird auch sein, dass der „Schirm" der EZB entfällt:

keine Bankenaufsicht und keine Schutzschirme, weder Anleihenaufkaufprogramme noch günstige Zentralbankkredite mehr in Zeiten von Liquiditätsmangel,

Überschuldung oder massiver Rezession, wie dies von der EZB mit rund 2 Billionen Euro nach der US-Immobilien- und Finanzkrise praktiziert wurde (Wolfgang Eibner, 2017) – und wie dies im Zuge der Corona-Krise wieder mit dem PEPP-Programm der EZB im Umfang von zunächst 750 Mrd. Euro erfolgt (European Central Bank, 2020).

4.1.3   Anstieg der Verschuldung

In Kapitel 3.2 wurde bereits dargelegt, dass die Verschuldung Kataloniens durch die Übernahme eines zuzurechnenden Teiles der Gesamtschulden des spanischen Zentralstaates auf bis zu 100 % des BIP steigen könnte. Daraus wird sich eine massive Belastung des Staatsbudgets über fällige Zinszahlungen ergeben, was wiederum zu zwei weiteren Folgeproblemen führt:

Diese Einengung des finanzpolitischen Spielraumes mit der Folge rückläufiger Investitionskraft des Staates wird dazu führen, dass eine Autonomie nicht – wie in Kapitel 2 als ein Grund für den Autonomiewunsch geäußert – zu steigenden Investitionen in die Infrastruktur führt.

Vielmehr wird ein deutlicher Rückgang staatlicher Nettoinvestitionen zu erwarten sein (vgl. zu dieser Problematik auch: Wolfgang Eibner, 2019).

Dabei müssen – als zweites relevantes Problem – Zinsen und auch die Tilgungen auf die ausstehenden Staatsschulden weiterhin in Euro (oder anderen Devisen) gezahlt werden, was Katalonien vor die schwierige Herausforderung stellt, auch genug Devisen zu erwirtschaften. (Gleiches gilt logischerweise auch für Unternehmen und ggf. auch für Privatpersonen.)

Dies dürfte bei rückläufigen Exporten (Handelsrestriktionen) und steigenden Importkosten (Abwertung der Währung) ein nahezu unlösbares Problem sein.

Dies deshalb, weil hierdurch eine weitere Abwertung der Währung induziert wird (Kauf von Devisen auf den Devisenmärkten), was wiederum noch mehr staatliche Budgetmittel erfordert, um die in eigener Währung nun erneut steigenden Zins- und Tilgungslasten der Auslandsschuld bedienen zu können.

Zeitgleich steigen dann auch wieder abwertungsbedingt die Importkosten, so dass das Land in einen langanhaltenden Circulus vitiosus geraten kann.

Damit sind die geld- oder finanzpolitischen Probleme aber noch nicht abschließend genannt, denn mit diesen finanzpolitischen und auch währungspolitischen Problemen wird sich zwangsläufig die Bonität des Staates verschlechtern.

Das heißt, das Rating des Landes bzw. seiner Schuldtitel wird seitens der internationalen Ratingagenturen gesenkt, womit sich erneut die Zinslasten erhöhen und damit der finanzielle Handlungsspielraum (nicht nur) des Staates weiter eingeschränkt wird.

Generell und auch schon lange vor einem solchen Szenario würde Gläubigern eine Abspaltung wohl nicht gefallen: Katalonien ist schon jetzt die höchstverschuldete Region Spaniens.

Die Ratingagenturen Fitch und S&P z. B. hatten bereits im Vorfeld der Verschärfung der Autonomiekrise mit einer Abstufung der Kreditwürdigkeit gedroht.

Auch der Zentralregierung schuldet Katalonien wie schon erwähnt 10 Mrd. Euro; besonders dieser Gläubiger würde sich bei Zahlungsproblemen nicht sonderlich entgegenkommend zeigen.

4.1.4   Rückgang der Steuereinnahmen

Allein schon die in den obigen Ausführungen genannten Kausalketten dürften verdeutlichen, dass infolge rückläufiger Exporte (und daraus resultierender Beschäftigungsrückgänge) sowie steigender Importkosten (und daraus nachfolgender Nachfragerückgänge) die katalanischen Steuereinnahmen zurückgehen werden, womit dann die staatlichen Budgetprobleme noch größer werden und obige Restriktionen bzw. Kausalketten nochmals negativ verstärken.

Hinzu kommt aber noch ein ganz anderer, eher noch dramatischerer Aspekt: Infolge des Verlustes der EU-Mitgliedschaft verlieren Unternehmen, wie in Kapitel 4.1.1 schon ausgeführt, nicht nur den ungehinderten Zugang zur Europäischen Union, sondern damit auch zu Spanien.

Damit ist es nur zu offensichtlich, dass – wie im Zuge auch des Brexits – insbesondere außenhandelsabhängige Unternehmen des Produktionsgewerbes wie aber auch grenzüberschreitend tätige Dienstleister wie Banken und Versicherungen ihren Sitz ins benachbarte Spanien oder auch nach Frankreich verlegen. Direktinvestitionen nach Katalonien werden zurückgehen.

Hierdurch verschlechtert sich die Beschäftigungslage, die Nachfrage sinkt, was wiederum nochmals sinkende nationale Investitionen nach sich zieht. Damit verschärft sich einerseits die Abwanderungswelle von Unternehmen weiter und andererseits werden auch zunehmend Bürger Kataloniens ins benachbarte oder grenznahe Spanien migrieren.

Die negativen Auswirkungen auf die Steuereinnahmen und damit die sinkende Fähigkeit des Staates, seine Ausgaben zu finanzieren oder gar konjunkturpolitisch gegenzusteuern, sind offensichtlich.

4.1.5   Steigende ökonomische und politische Kosten

Dieser Punkt wird in Reminiszenz auf die bereits genannten Kausalketten kurz behandelt: Der Anstieg der ökonomischen Kosten infolge einer Autonomieentscheidung wird massiv sein. Zu ergänzen sind diese Kosteneffekte noch um weitere national und international anfallende, nicht unerhebliche Kosten:

National ist außer an den schon erwähnten Aufbau einer eigenen Zentralbank und die kostenintensive Einführung einer neuen eigenen Währung insbesondere auch zu denken an die Schaffung eigener Polizeieinheiten, evtl. eines eigenen Militärs, eines funktionsfähigen nationalen Fiskalsystems inkl. Steuerverwaltung sowie generell an den Aufbau vollständiger nationaler Verwaltungsstrukturen, an Aufbau und Finanzierung eigener Sozialversicherungen, eines Rechtswesens etc.

International bedingte weitere ökonomische wie auch politische Kostenaspekte liegen z. B. im Verlust aller bisherigen Auslandsvertretungen und Mitgliedschaften in internationalen Organisationen welcher Art auch immer.

Katalonien wird den Aufbau eines eigenen vollständigen diplomatischen Corps bewältigen müssen, den Unterhalt von Botschaften sowie den Aufbau von internationalen Netzwerken zur besseren Durchsetzung ökonomischer und politischer Interessen finanzieren müssen.

Darüber hinaus wird die Mitgliedschaft in den verschiedensten bedeutenden internationalen Organisationen notwendig, also – um nur die wichtigsten zu nennen – UNO, IWF, WTO, Weltbank, WHO etc.

4.1.6 Politische und gesellschaftliche Destabilisierung

Wenn sich die wirtschaftliche Situation verschlechtert, wird es zu einem Kostenanstieg insbesondere in den Sozialversicherungen kommen. Steigende Sozialversicherungsbeiträge, Transferkosten, evtl. Subventionen, um Unternehmen im Land zu halten, werden folgen.

Unerfüllte Erwartungen der Bürger können Katalonien nachhaltig destabilisieren. Katalonien hatte schon vor Ausbruch der Corona-Krise eine hohe Arbeitslosigkeit von über 14 %, ist also kein ökonomisch starkes Land, das ggf. auch einmal einige Jahre von volkswirtschaftlichen Reserven leben könnte.

Die Unabhängigkeit wird das Problem der Arbeitslosigkeit nicht lösen können, da wie oben erläutert sehr real die Gefahr besteht, dass Unternehmen das Land verlassen – insbesondere wertschöpfungsstarke Großunternehmen.

Dabei werden nicht nur spanische Unternehmen sowohl ihren Sitz wie auch die Produktion von Katalonien nach einer Sezession nach Spanien verlegen. Auch ausländische Unternehmen, wie z. B. die in Katalonien stark vertretenen, nicht nur deutschen Unternehmen insbesondere der Automobilbranche, der Chemie- und der Pharmaindustrie, werden eine Standortverlagerung nach Spanien in Betracht ziehen. Weitere Ansiedlungen und ausländische Direktinvestitionen würden zurückgehen.

Jeder weitere volkswirtschaftliche Abschwung wird die Arbeitslosigkeit unmittelbar erhöhen, mit allen daraus resultierenden Folgen für den politischen und sozialen Frieden, der in Spanien als deutlich fragiler einzuschätzen ist als in vielen anderen Ländern Europas.

4.2 Konsequenzen für Spanien

Generell erscheinen die Risiken aus einer Sezession für Spanien deutlich geringer und mehr als beherrschbar: Relevant wären hier Aspekte wie natürlich der Verlust der katalanischen Wirtschaftskraft, aber auch Bonitätsrisiken und das Problem einer möglichen Vorbildfunktion der katalanischen Unabhängigkeit für andere Regionen.

4.2.1 Verlust der Wirtschaftskraft Kataloniens

Spanien verliert rund 20 % seiner Wirtschaftskraft: Dieser Effekt könnte nach einer Unabhängigkeit Kataloniens aber dadurch deutlich verringert werden, dass – wie oben ausgeführt – Unternehmen ihren Sitz und auch ihre Produktion von Katalonien nach Spanien verlegen.

Dadurch würden sowohl Arbeitsplätze in Spanien entstehen als auch die Steuereinnahmen sich erhöhen: über steigende Unternehmenssteuern, aber auch steigende Lohn- und Einkommenssteuern infolge steigender Beschäftigung.

Steigende Beschäftigung könnte zu wachsendem Konsum der Bevölkerung führen und damit dann auch die indirekten Steuern ansteigen lassen.

Eine sich insofern positiv entwickelnde spanische Wirtschaft könnte auch zunehmend Direktinvestitionen anziehen oder eine Umlenkung von Direktinvestitionen, die bisher nach Katalonien fließen, nach Spanien bewirken. Alle diese Effekte wären durchaus in der Lage, die primären BIP-Einbußen zu verringern.

Hierzu könnte auch ein weiterer Ausbau des ohnehin schon bedeutenden Hafens von Valencia zulasten

Barcelonas beitragen: Bislang erfolgen noch rund 25 % aller seerelevanten spanischen Ex- und Importe über katalanische Häfen. Nach einer Sezession Kataloniens wird dies nicht mehr der Fall sein.

4.2.2 Bonität

Eindeutig negativ wird sich eine Unabhängigkeit Kataloniens auswirken auf die Bonität Spaniens: Ratingagenturen würden Spanien infolge des Verlustes der wirtschaftlich bedeutenden Region Katalonien herabstufen (Dietmar Neuerer, 2014).

Damit steigt auch für Spanien in Bezug auf das Staatsbudget die relative Zinslast der Staatsschuld, die sich Ende 2019 immerhin auf knapp 100 % des BIP beläuft und ja auch bei einer Schuldenübertragung auf Katalonien, wie in Kapitel 4.1.3 diskutiert, nicht sinkt, da sich das BIP ebenfalls entsprechend verringern wird.

4.2.3 Stärkung weiterer Autonomiebewegungen

Infolge einer Abspaltung Kataloniens wären regionale Sezessionsszenarien denkbar: Insbesondere im Baskenland existiert eine historisch tief verankerte Autonomiebewegung, die zudem mit der ETA über viele Jahre schon einen bewaffneten Unabhängigkeitskampf gegen den spanischen Zentralstaat geführt hat.

Aber auch andere Regionen in Spanien könnten sich ermutigt fühlen, den katalanischen „Weg der Freiheit" zu gehen – zumindest so lange, bis sich die in Kapitel 4.1 prognostizierten negativen Folgen zeigen.

5 Fazit und Ausblick

Die bisherigen Ausführungen haben zu folgenden Ergebnissen geführt:

Der Unabhängigkeitswunsch Kataloniens ist historisch tief verankert und wird durch die aktuellen Konfrontationen mit dem Zentralstaat in Form verweigerter weiterer Autonomiewünsche und der im Zuge des erfolgten Autonomiereferendums kurzzeitig vollständig entzogenen Autonomie wie auch der aktuellen hohen Haftstrafen für die Initiatoren des Unabhängigkeitsreferendums weiter angeheizt und verfestigt.

Parallel hierzu sind aber auf Basis einer vergleichenden Analyse ökonomischer Kernaspekte keine offensichtlichen ökonomischen Gründe für eine Unabhängigkeit erkennbar.

Stattdessen hat Kapitel 4 zu erwartende Nachteile einer Sezession Kataloniens von Spanien für beide Akteure dargestellt, allerdings mit überaus deutlicher Risikokumulation für Katalonien:

Während für Spanien eine Unabhängigkeit Kataloniens ein politisch inakzeptables, aber ökonomisch beherrschbares Szenario ist, wäre Katalonien im Worst-

Case-Szenario nachhaltig, evtl. sogar existentiell in seiner weiteren ökonomischen Entwicklung bedroht.

Insofern ist es im Interesse beider Akteure, zu ebenso schnellen wie nachhaltigen Vereinbarungen zum Aufbau einer stärkeren föderalen Struktur Spaniens zu gelangen, die die historisch latente und aktuell explosive Unzufriedenheit der Katalanen mit dem Zentralstaat mindern kann.

Dabei wird es insbesondere Aufgabe der Wissenschaft und vor allem auch der Presse und aller sozialen Medien sein, seriöse Informationen über die Konsequenzen einer Sezession zur Verfügung zu stellen und diese dann auch massiv und nachhaltig in der Bevölkerung auf glaubhafte Weise zu verbreiten.

Das Feld darf nicht Populisten überlassen werden, die mit billigen Bauernfänger-Parolen Zukunftsszenarien entwickeln, die mit der Realität nichts zu tun haben, wie dies – stellvertretend für viele schamlose Lügner – etwa der Engländer Nigel Farage im Zuge des Brexits tat.

Indem solche Akteure ohne jegliches argumentatives oder gar wissenschaftliches Fundament den Menschen Lügen und Märchen über eine glorreiche Zukunft und eine „best future ever" erzählen, wenn denn nur endlich die Bevormundung einer übergeordneten Ebene – der EU für Großbritannien oder eben hier der Spaniens über Katalonien – ende, können sie Menschen wie ganze Staaten in ökonomische Abgründe stürzen.

Die Realität sieht anders aus: Kleine, nicht vernetzte Einheiten (Unternehmen wie Staaten) haben in Zeiten extrem mobiler Produktionsfaktoren und großer Wettbewerber oder gar geostrategisch machtvoller Hegemonialmächte wie der USA oder China keine großartige Zukunft vor sich – ganz im Gegenteil.

Quellenverzeichnis

(Letzter Zugriff auf die Internetquellen, sofern nicht anders angegeben, am 19.4.2020)

- **AEUV (2020):** Vertrag über die Arbeitsweise der Europäischen Union. In der aktuell (2020) geltenden Version der Fassung aufgrund des am 1.12.2009 in Kraft getretenen Vertrages von Lissabon (Konsolidierte Fassung bekanntgemacht im ABl. EG Nr. C 115 vom 9.5.2008, S. 47), https://dejure.org/gesetze/AEUV.

- **Rudolf Arnheim (1962/2006/2014):** The Genesis of a Painting: Picasso's Guernica, 9. Auflage, Berkley, Los Angeles, London 2014.

- **Antony Beevor (2006):** The Battle of Spain: The Spanish Civil War 1936–1939, London 2006; Der Spanische Bürgerkrieg, Gütersloh 2006.

- **Eric Bonse (2018):** Puigdemont und die EU – Die Juncker-Doktrin, in: Cicero – Magazin für politische Kultur, vom 27.3.2018, https://www.cicero.de/aussenpolitik/puigdemont-festnahme-eu-juncker-doktrin-deutschland-spanien.

- **Carlos Collado Seidel (2007):** Kleine Geschichte Kataloniens, München 2007.

- **Carlos Collado Seidel (2010):** Der Spanische Bürgerkrieg, Geschichte eines europäischen Konflikts, 2. Auflage, München 2010.

- **Wolfgang Eibner (2017):** Niedrigzinspolitik und Quantitative Easing der Europäischen Zentralbank (EZB) unter Beachtung europäischer Staatsverschuldung [Low Interest Rate Policy and Quantitative Easing of the European Central Bank (ECB) while Respecting European Public Debt], in: Estonian Discussions on Economic Policy, Band XXV, Nr. 2, Jäneda 2017.

- **Wolfgang Eibner (2019):** Debt Relief for the EMU Countries:
  A Chance to Restore Europe's Power and to Stabilize the Euro – A Discussion Paper –, in: Estonian Discussions on Economic Policy, Band XXVII, Nr. 2, Jäneda 2019.

- **Wolfgang Eibner (2020):** Catalonia's Desire for Independence. Historical Causes and Realistic Consequences of a Secession from Spain. In: Estonian Discussions on Economic Policy, Band XXVIII, Nr. 1, Jäneda 2020.

- **Marc Engelhardt (2015):** Unabhängigkeit! Separatisten verändern die Welt, Berlin 2015.

- **European Central Bank (2020):** ECB announces €750 billion Pandemic Emergency Purchase Programme (PEPP), Press Release vom 18.3.2020, https://www.ecb.europa.eu/press/pr/date/2020/html/ecb.pr200318_1~3949d6f266.en.html.

- **European Commission (2018):** Tools and databases, vom 28.2.2018, https://ec.europa.eu/growth/tools-databases/.

- **European Commission (2020):** Negotiations and agreements, https://ec.europa.eu/trade/policy/countries-and-regions/negotiations-and-agreements/#_pending.

- **Eurostat (2019):** Sektorale Beschäftigungsstruktur Spaniens und Kataloniens, Database: Regional Labour Market Statistics, Employment by age, economic activity and NUTS 2 regions, https://ec.europa.eu/eurostat/de/home.

- **Eurostat (2020):** Statistisches Amt der Europäischen Union, https://ec.europa.eu/eurostat/de/home.

- **EUV (2020):** Vertrag über die Europäische Union, https://eur-lex.europa.eu/resource.html?uri=cellar:2bf140bf-a3f8-4ab2-b506-fd71826e6da6.0020.02/DOC_1&format=PDF.

- **Julia Macher (2019):** Katalonien – Ein Urteil, das Spanien weiter spalten wird, in: ZEIT ONLINE vom 14.10.2019, https://www.zeit.de/politik/ausland/2019-10/katalonien-oriol-junqueras-carles-puigdemont-urteil-seperatismus-spanien.

- **Carme Molinero, Margarida Sala, Jaume Sobrequés (Hrsg.) (2003):** Una inmensa prisión. Los campos de concentración y las prisiones durante la guerra civil y el franquismo, Barcelona 2003.

- **Dietmar Neuerer (2014):** Geplante Katalonien-Abspaltung – Separatisten könnten Spanien in die Krise stürzen, in: Handelsblatt vom 9.7.2014, http://www.handelsblatt.com/politik/international/geplante-katalonien-abspaltung-separatisten-koennten-spanien-in-die-krise-stuerzen/10174324-all.html.

- **Florian Neumann (2017):** Das passiert, wenn Katalonien die Unabhängigkeit erklärt, in: Merkur.de vom 10.10.2017, https://www.merkur.de/politik/was-passiert-wenn-katalonien-unabhaengig-wird-drei-szenarien-und-konsequenzen-zr-8759730.html.

- **NZZ (2017):** Zweifelhafte Mehrheit stimmt für katalanische Unabhängigkeit, in: Neue Zürcher Zeitung vom 3.10.2017, https://www.nzz.ch/international/spanien-katalonien-referendum-ld.1315982#back-register.

- **Parlament de Catalunya (2009):** Autonomiestatut 2009, https://web.archive.org/web/20090411004529/http://www.parlament.cat/porteso/estatut/estatut_alemany_080207.pdf.

- **Reuters (2017):** Independent Catalonia would need to apply to join EU: Juncker. World News vom 14. September 2017, https://www.reuters.com/article/us-spainpolitics-eu/independent-catalonia-would-need-to-apply-to-join-eu-juncker-idUSKCN1BP210?il=0.

- **Klaus Schrader / Claus-Friedrich Laaser (2017):** Die Bedeutung Kataloniens für die spanische Volkswirtschaft, Institut für Weltwirtschaft, Kiel Policy Brief, Nr. 108 vom September 2017, https://www.econstor.eu/bitstream/10419/172263/1/1007182334.pdf.

- **„Els Segadors“:** „Die Schnitter“, L'himne de Catalunya, Das Katalonienlied; Video mit deutschen Lyrics, https://www.youtube.com/watch?v=nrl5XO7htw0.

- **Der Spiegel (1990):** CSU – Schwerer Fehler, in: Der Spiegel, Nr. 34/1990, https://www.spiegel.de/spiegel/print/d-13507160.html.

- **Statista (2018a):** Anteile der Wirtschaftssektoren am BIP Spaniens, https://de.statista.com/statistik/daten/studie/169935/umfrage/anteile-der-wirtschaftssektoren-am-bruttoinlandsprodukt-spaniens/.

- **Statista (2018b):** Spanien: Staatsverschuldung, https://de.statista.com/statistik/daten/studie/167465/umfrage/staatsverschuldung-von-spanien-in-relation-zum-bruttoinlandsprodukt-bip/.